Perché sei un ragazzo fantastico

Storie che ti accompagnano sul coraggio, la fiducia in se stessi e i talenti inesplorati che si trovano dentro di te

Isabella Martilai

Perché sei un ragazzo fantastico

Edizione 1

L'autore è rappresentato da: Isabella Martilai
Indirizzo: WegaMedia GmbH/Unser Frau 169/ 39020 Schnals/Italia
Contatto: contact.wegamedia@gmail.com
Anno di pubblicazione: 2021
Responsabile della stampa: Amazon KDP Publishing
ISBN: 9798759443803

Questo libro appartiene a:

....

Sommario

Prefazione

Finalmente sei arrivato!

Eccoti, aspettavo da tanto di incontrarti. Sì, parlo proprio con te!

Ti è mai capitato di pensare che sarebbe bello avere qualcosa di speciale? Qualcosa che ti rende unico e diverso da tutti gli altri? Sto per rivelarti un segreto: tu sei speciale per davvero! Forse hai sempre pensato di essere una persona qualunque, tutti lo pensiamo all'inizio, ma è crescendo che scopriamo tutta la nostra magia! Ognuno di noi ha dei talenti e delle meraviglie che si svelano e fioriscono durante questo straordinario percorso che è la vita. E tu, che sei proprio all'inizio della tua strada, devi ancora scoprire tutto il tuo potenziale!

In questo libro voglio raccontarti delle storie brevi, delle storie molto speciali. Non parlano di magia né di draghi o fate, parlano di persone come te. Persone che pensavano di non avere nulla di speciale e che, invece, hanno scoperto il loro talento. Dentro di te c'è un mondo meraviglioso tutto da esplorare che racchiude la tua magia, ma per farla emergere bisogna superare le paure, gli ostacoli e le emozioni negative... Sei pronto per questo percorso?

Un passo alla volta, lasciati guidare nella scoperta dei tuoi talenti e diventa un ragazzo meraviglioso!

È il momento di iniziare!

Aris il gatto di peluche

"Mamma, mamma! Antonio mi ha tirato un pugno!" Mario corre dai genitori con le lacrime agli occhi e nasconde il viso contro la pancia di sua madre. Mario e Antonio erano fratelli e capitava piuttosto spesso che litigassero per qualche motivo. "Cos'è successo questa volta?", chiede la mamma esasperata. Non passava un giorno senza che i due bambini non litigassero: per una biro o un righello, per un giocattolo, perfino per i cartoni animati nonostante ognuno avesse una propria stanza con una televisione dove guardarli. "Mario mi ha rubato Aris, il mio peluche" Antonio guarda il fratello minore con aria corrucciata e incrocia le braccia contro il petto. "Antonio, tu sei il fratello maggiore", la mamma lo rimprovera, "Devi essere più tollerante con tuo fratello Mario! Non giochi con quel peluche da anni, che male c'è se lo usa un po' lui?" Con le mani prende il viso di Mario e gli asciuga le lacrime. "Mario, lo sai che tuo fratello è fatto così. Non prendere i suoi giochi senza prima averglielo chiesto", la mamma sorride. È talmente abituata ai bisticci tra i due fratelli che ormai non riesce più nemmeno ad arrabbiarsi. "Ma anche se gliel'avessi chiesto lui non me l'avrebbe mai prestato!" Mario si stringe Aris, un peluche a forma di gatto, al petto e guarda suo fratello. "Infatti è mio, non è tuo", replica Antonio con aria di sfida. "Basta ragazzi, basta! Non potete sempre litigare per qualsiasi cosa! Imparate a volervi

bene e a collaborare, potreste divertirvi così tanto insieme invece di bisticciare tutti i giorni!"
"Antonio, ti va di venire a casa mia oggi pomeriggio?" Alessio, il compagno di classe di Antonio e suo vicino di banco, guarda l'amico entusiasta: "Possiamo fare i compiti insieme e poi giocare a pallone", dice fingendo di tirare un calcio a un pallone. "Certo! Ci divertiremo sicuramente!" Antonio accetta molto felice e non vede l'ora di dire alla mamma che trascorrerà il pomeriggio a casa di Alessio. Nonostante fossero amici da diversi anni, Antonio non era mai stato a casa di Alessio ed era davvero curioso di conoscere la sua famiglia.

"Mamma, posso andare a casa di Alessio? Per favore... Ha detto che faremo i compiti e che poi giocheremo un po' a pallone! Posso?" Antonio, all'uscita da scuola, chiede subito alla mamma se gli dà il permesso di passare il pomeriggio a casa dell'amico. "Certo, va bene. Alessio è un bravo ragazzo, almeno per un pomeriggio non litigherai con tuo fratello Mario!" La mamma lo guarda con aria di rimprovero e accetta di accompagnarlo a casa di Alessio subito dopo pranzo.

Dlin Dlon. “Mamma, mamma! È arrivato!”, si sente Alessio chiamare a gran voce dall’interno della casa. Antonio sorride nel sentire il suo amico così felice di vederlo. Guarda la casa con curiosità: è molto grande e curata e Antonio nota un bel giardino dove già si immagina di giocare a pallone con l’amico. “Accomodati, ti faccio vedere la mia casa!” Alessio accoglie l’amico alla porta e gli fa cenno di entrare. Antonio saluta la mamma e restano d’accordo che prima di cena lei tornerà a prenderlo. “Grazie di avermi invitato, Alessio. Non ero mai stato a casa tua”. Antonio entra felice in casa dell’amico e si pregusta un ottimo pomeriggio di compiti e divertimento. “Vieni, ti faccio vedere la mia camera!” Alessio inizia a salire una rampa di scale e Antonio si affretta a seguirlo.

Giunti nella sua camera, Antonio nota che nella stanza ci sono due letti e un ragazzo poco più giovane di loro stava giocando a un videogioco. “Lui è Vincenzo, mio fratello. Ha due anni meno di noi e ha pensato bene di rompersi una gamba qualche settimana fa". Alessio dà un pugnetto affettuoso a Vincenzo e indica la sua gamba lunga distesa sul letto. Era ingessata. Antonio non sapeva che Alessio avesse un fratello! "Oh... Mi dispiace", Antonio indica la gamba infortunata di Vincenzo. "I dottori dicono che tra qualche settimana potrò tornare a camminare", sorride con i suoi sinceri occhi azzurri. "Esatto", gli fa eco Alessio, "E nel frattempo io sono il suo maggiordomo... A sua disposizione", finge di inchinarsi di fronte a Vincenzo. "Mi dica, cosa desidera? Un succo di frutta? Un libro? Come posso esserle utile?", i due fratelli ridono di gusto e anche Antonio si unisce alle loro risate.

Il pomeriggio trascorre tra compiti e divertimento. Dopo aver svolto insieme alcuni esercizi di matematica, i due amici si uniscono a Vincenzo a giocare ai videogiochi e poi decidono di scendere in giardino per giocare a calcio. "Io faccio l'arbitro!", propone Vincenzo. "Scommetto che non vedete l'ora di farvi fallo a vicenda per guadagnare punti! Ci penso io a tenervi d'occhio!", tutti e tre ridono. Antonio e Alessio aiutano Vincenzo a scendere le scale con le stampelle e gli procurano una sedia dove potersi sedere in giardino. "Antonio, se non mi sbaglio anche tu hai un fratello più piccolo, giusto?", dice Alessio mentre prende il pallone. "Sarebbe bello se una volta venisse anche lui a giocare con noi. In quattro potremmo fare delle piccole partite di calcio!" "Ehm... Sì... Mio fratello si chiama Mario..." Antonio prova un forte imbarazzo. Dopo aver visto il bellissimo rapporto che Alessio ha con suo fratello Vincenzo, si vergogna di non aver mai trattato Mario nello stesso modo. Il giorno prima avevano stupidamente litigato per un peluche, mentre Alessio si occupava di Vincenzo senza minimamente lamentarsi, anzi, sembrava proprio che lo facesse con piacere! "Perché no... Chiederò a Mario se gli va di venire!", dice Antonio imbarazzato. "Ottima idea!", gli fanno eco Vincenzo e Alessio.

Quella sera Antonio è pensieroso. La giornata in compagnia di Alessio e di suo fratello Vincenzo era stata davvero bella. Si erano divertiti molto. Però, Antonio non può non pensare a quanto sia diverso il rapporto che invece ha lui con suo fratello Mario.

Quanto avrebbe voluto anche lui potersi divertire insieme! Ora che ci pensa, non ricorda di aver mai giocato a pallone con suo fratello Mario senza che finissero a litigare per qualche motivo. È in quel momento che si decide e va a parlare con suo fratello. "Mario", entra nella sua camera e lo trova seduto alla scrivania alle prese con i compiti di matematica. "Sai, oggi sono stato a casa di Alessio e abbiamo giocato a pallone. C'era anche suo fratello che più o meno ha la tua età. Se ti fa piacere la prossima volta puoi venire anche tu. Potremmo fare una bella partita in quattro". Mario lo guarda stupito. In effetti non era mai successo che suo fratello gli proponesse di giocare insieme. Gli fa molto piacere "Grazie, certo, verrei volentieri!" entrambi sorridono. Poi Mario torna a guardare il quaderno di matematica e fa una smorfia. "Qualcosa non va?", gli chiede Antonio. "È questo esercizio... L'ho già rifatto tre volte ma esce sempre sbagliato!" Antonio senza pensarci due volte prende una sedia e la posiziona vicino al fratello. Si siede accanto a lui e inizia a guardare il quaderno. "Aspetta... Ecco, vedi?", prende una biro e corregge alcuni numeri "Era questo passaggio a essere sbagliato. Ora dovrebbe andare bene". Mario controlla il risultato e sorride. "Sì! È giusto! Grazie!" Antonio ride e fingendosi un professore gli dice "Mi faccia vedere il prossimo esercizio o sarò costretto a darle una nota", entrambi ridono insieme e iniziano a sfogliare il libro in cerca del compito successivo. "Oh, dimenticavo" Antonio corre a prendere Aris, il gatto di peluche e lo posa sulla scrivania di fronte a Mario "Penso che anche Aris abbia voglia di fare i compiti con noi", entrambi si guardano e sorridono. La mamma nel passare fuori dalla porta li sente ridere insieme e si chiede cosa sia successo. Finalmente Antonio e Mario non stanno litigando! A volte tra amici o tra fratelli non ci accorgiamo di quanto sia bello avere qualcuno vicino e ci perdiamo in litigi inutili. Ti è mai successo di aiutare qualcuno? Hai notato quanto sia bello aiutarsi a vicenda anziché litigare? Le persone intorno a noi sono una risorsa, ma per far sì che le relazioni fioriscano dobbiamo coltivarle giorno dopo giorno.

Due contro tutti

Carlo stringe forte le cinghie dello zaino contro le spalle e si avvia a passo spedito verso la sua classe. Era molto nervoso. Stefano, il suo compagno di banco, lo vede arrivare e lo saluta con la mano. Carlo gli sorride di rimando, un sorriso un po' stiracchiato, e poi si siede senza dire una parola. "Tutto ok?" Carlo lo guarda preoccupato "Sembra che hai visto un fantasma" dice cercando di sollevarlo di morale. Carlo si accarezza nervosamente i capelli biondi e fa una smorfia: "Stasera ho il primo allenamento di calcio", dice con voce preoccupata. "Ma è fantastico! Finalmente ti sei deciso a iscriverti!" Stefano gli dà un leggero pugno in segno di soddisfazione e si congratula con l'amico. "Quanti mesi erano che ci stavi pensando? Tre? Quattro? Ho perso il conto", ride mostrando il suo brillante apparecchio ai denti. "Beh... Si...", inizia a balbettare Carlo, "In realtà è stata mia mamma a iscrivermi... Ma sono contento, ho sempre voluto imparare a giocare a calcio..." Ma il suo sguardo non esprimeva affatto felicità. Anzi. Carlo sembrava letteralmente terrorizzato. "E allora? Cosa c'è che non va? Non sembri così felice...", gli chiede Stefano.

In quel momento la maestra entra in classe e chiede ai ragazzi di prendere il libro di testo. "Ecco...", bisbiglia Carlo a Stefano, "Non conosco nessuno degli altri ragazzi", dice timidamente. Quasi si vergognava ad ammetterlo, ma aveva paura di non piacere al resto della squadra. E se non l'avessero voluto in squadra? Se lui fosse il meno bravo? Se nessuno gli avrebbe passato la palla? “Ancora meglio”, gli risponde Stefano sottovoce, “Ecco un’ottima occasione per avere altri amici!” Ma Carlo non sembra affatto rincuorato. “Senti, anche io il primo giorno che ho iniziato a giocare a basket non conoscevo nessuno”. Stefano scorre un dito sul libro di testo fingendo di leggere e continua a parlare con l’amico a bassissima voce, “E invece mi sono trovato benissimo! Sono ragazzi come noi, come me e te! È normale essere agitati il primo giorno”, sorride a Carlo mentre sottolinea con l’evidenziatore la frase del libro di testo che la maestra sta leggendo ad alta voce.

Quel pomeriggio, Carlo fa i compiti nella sua camera e poi controlla di aver preso tutto l’occorrente per l’allenamento e di averlo messo nel borsone. “Scarpe, maglietta, pantaloncini...”, ripete tra sé e sé mentre controlla l’interno della borsa. “Salvietta... Dovrebbe esserci tutto”, chiude la zip e posa il borsone sul letto. Aveva sempre sognato di iniziare a giocare a calcio, ma la sua timidezza l’aveva sempre intimorito. L’idea di essere il nuovo arrivato e di non conoscere nessuno lo spaventava tantissimo, però non voleva più temporeggiare e desiderava davvero iniziare gli allenamenti. "Carlo, sei pronto? È ora di andare!", la mamma lo chiama dal soggiorno. Carlo sente le chiavi della macchina tintinnare, la mamma l'avrebbe accompagnato all'allenamento. Con il cuore in gola, Carlo prende un bel respiro: "Posso farcela". Afferra il borsone e si dirige verso la porta.

Appena arrivato, la mamma lo accompagna dall'allenatore "Benvenuto Carlo! Sì, mi ricordavo che oggi avresti iniziato anche tu gli allenamenti. Molto bene, hai portato tutto quello che ti serve?" "Sì", risponde Carlo con voce spezzata. "Ottimo! Vai a cambiarti negli spogliatoi e poi torna qui. Gli altri ragazzi sono già in campo. Ti aspetto qui così poi ti presento alla squadra". L'allenatore gli rivolge un sorriso gentile e gli indica la porta dello spogliatoio. Carlo saluta la mamma e corre a cambiarsi. Appena entrato nello spogliatoio vede un ragazzo dai capelli rossi che si sta infilando le scarpe. "Oh, ciao! Tu devi essere quello nuovo!", si alza e gli si avvicina. "Io sono Daniele. Benvenuto nella squadra", sorride.

"Ehm... Grazie... Io sono Carlo..." Carlo lo guarda intimorito. "Nervoso, eh?", Daniele si sistema la maglietta con il numero 8, "Non preoccuparti. Ci siamo passati tutti. Tutti ci ricordiamo il nostro primo giorno!" Carlo lo guarda imbarazzato e si infila la maglietta con il numero 5. "È la prima volta che faccio degli allenamenti di calcio... Non so se sono bravo...", si confida con Daniele. Il ragazzo dai capelli rossi ride: "Ma tutti siamo qui per imparare, nessuno di noi è bravo. Spero che non lo sia neanche tu altrimenti ci batteresti tutti!" Carlo e Daniele ridono insieme e si avviano verso il campo dove l'allenatore li sta aspettando.

"Eccovi qui. Vedo che hai già conosciuto Daniele. Molto bene! È il momento di presentarti alla squadra, Carlo", gli sorride e si dirige verso il centro del campo dove alcuni ragazzi stanno correndo passandosi la palla. Carlo si affretta e segue l'allenatore. Il suo cuore batte forte. "Ragazzi, vi presento Carlo. Da oggi si allenerà con voi". Carlo fa un timido cenno di saluto e guarda i ragazzi. Hanno più o meno la sua età. Cerca tra i volti un viso familiare ma non conosce nessuno. "Benvenuto Carlo", fanno eco i ragazzi. "Benissimo", continua l'allenatore, "Avrete tutto il tempo per conoscervi e fare amicizia. Ora iniziamo con dei passaggi semplici e un po' di riscaldamento". Con la mano fa segno ai ragazzi di sparpagliarsi lungo il campo. Carlo corre verso la metà del campo. I ragazzi iniziano a calciare il pallone e a passarselo tra loro. Qualcuno passa la palla a Daniele e lui cerca subito Carlo con lo sguardo: "Carlo è tua!" Con un calcio preciso il pallone arriva proprio ai piedi di Carlo che lo stoppa con facilità e inizia a sua volta a correre cercando un compagno a cui rilanciare la palla. Di fronte a lui vede un ragazzo con i capelli scuri e con la maglietta numero 3 e senza pensarci due volte gli passa il pallone. "Grazie", gli sorride il ragazzo prima di iniziare a correre.

Più tardi, negli spogliatoi, tutti sono curiosi di fare conoscenza con Carlo. "È la prima volta che giochi? Complimenti, mi hai fatto un passaggio perfetto!" Carlo riconosce il ragazzo dai capelli scuri, quello a cui aveva passato il pallone. "Hey, Carlo! La prossima volta ti va di stare in squadra con me?", gli chiede Daniele facendogli l'occhiolino, "Li battiamo tutti! Possiamo fare due contro tutti!" I ragazzi ridono e iniziano già a programmare le squadre per il prossimo allenamento. Sorprendentemente, molti ragazzi vogliono stare in gruppo con Carlo.

"Allora? Come è andata?", il giorno dopo, a scuola, Stefano lo guarda curioso. "È andata bene", Carlo sorride. "Molto meglio di quanto pensassi", si accarezza i capelli biondi imbarazzato. "Vedi? Ero sicuro che sarebbe andata bene!" Stefano si siede entusiasta al banco. "Però non ho capito una cosa...", Carlo lo guarda con aria confusa, "Secondo te perché tutti volevano stare in squadra con me? Non sono certo il più bravo, anzi, ho fatto parecchi errori, eppure erano tutti molto contenti di stare in squadra con me". Stefano sorride mostrando il suo luminoso apparecchio per i denti. "Perché è così che fa una squadra! Pensa anche a noi qui in classe, se arriva uno studente nuovo cosa fai? Lo lasci lì da solo? No! Alla squadra non importa se sei bravo o no, si gioca insieme per divertirsi! Siete un gruppo di ragazzi che hanno tutti la stessa passione, non c'è nessun motivo di fare differenze!", entrambi sorridono.

Da quel giorno, Carlo non vede l'ora di andare a fare gli allenamenti di calcio e all'interno della squadra ha trovato molti nuovi amici. Ti è mai capitato di doverti inserire in un gruppo di ragazzi che non conosci? Quali sono state le tue emozioni? E, al contrario, ti è mai successo di far parte di un gruppo e di dover accogliere un nuovo componente? È normale essere agitati quando si inizia una nuova attività insieme a persone che non si conoscono, ma la paura non deve diventare un limite. Tutti sperimentiamo entrambi i ruoli: prima siamo i nuovi arrivati un po' spaesati e poi, una volta inseriti nel gruppo, ci troviamo ad accogliere chi arriva dopo di noi. Ricordati sempre delle emozioni che hai provato tu la prima volta per poi accogliere gli altri nel modo migliore.

Il primo giorno di scuola

Luca guarda allo specchio i suoi capelli color rosso fuoco e il viso pieno di lentiggini. Tutti gli avevano sempre detto che i suoi capelli avevano un bellissimo colore ma a lui, proprio, non piacevano. Per niente! Non che ci fosse qualcosa di sbagliato nei ciuffi ribelli che gli ricadevano sul viso, no, quelli gli piacevano. Era proprio il colore a essere sbagliato. Se fossero stati neri o biondi sarebbero stati perfetti! Per non parlare delle lentiggini: tutto il suo viso era costellato di piccoli puntini marroni che sembravano essere stati disegnati con il pennarello. Luca guarda il suo riflesso sconsolato e fa un sospiro. Come avrebbe fatto il primo giorno di scuola? Era convinto che tutti l'avrebbero preso in giro per quei capelli color fiamma e quel viso a puntini.

"Luca! È ora di andare! Te ne sei dimenticato? Oggi è il giorno dell'iscrizione!", la voce della mamma lo raggiunge dalla cucina. Non se n'era dimenticato. Come avrebbe potuto dimenticarsene? "Mamma, non voglio. Non puoi andare tu? Per l'iscrizione non serve che ci sia anche io". La mamma lo raggiunge in camera: "No, vieni anche tu così vedi la scuola e magari incontreremo anche qualcuna delle tue maestre o qualche tuo compagno di classe. Non hai voglia di conoscere gli altri bambini?" La mamma lo guarda. "Sì...", Luca fa una smorfia. Certo che aveva voglia di conoscere i suoi compagni di classe e di farsi dei nuovi amici, se non fosse stato per i suoi capelli rossi come un semaforo. Era certo che tutti l'avrebbero preso in giro. Prima di uscire, Luca indossa un berretto nel tentativo di nascondere i capelli rossi, ma la mamma glielo toglie. "Non essere sciocco, i tuoi capelli non hanno niente che non va, vedrai!", gli sorride.

La scuola è un edificio molto grande, color giallo ambrato, con le finestre verdi. Per l'iscrizione Luca e la mamma si recano all'ingresso e seguono le indicazioni di una donna un po' paffuta di mezza età. "Secondo corridoio a sinistra...", ripete la mamma. Luca cammina a passo veloce al suo fianco. Giunti di fronte a un bancone, una donna con gli occhiali a mezzaluna e uno chignon ordinato li guarda: "Siete qui per l'iscrizione?" La mamma fa cenno di sì. "Molto bene. Siete nel posto giusto. E questo giovanotto chi è? Come ti chiami?" Luca si avvicina al bancone intimidito e guarda la signora: "Mi chiamo Luca". Nei successivi dieci minuti la donna chiese alcune informazioni a Luca e altre alla mamma. Dietro di loro un ragazzino con gli occhiali stava aspettando il suo turno accompagnato da una donna molto elegante con i capelli biondi. "Perfetto! Abbiamo finito! Ora, Luca, sei regolarmente iscritto. Ci vediamo tra tre settimane per l'inizio delle lezioni!" La signora sorride, li congeda e fa cenno al ragazzo con gli occhiali di avvicinarsi.

Le settimane successive passano molto velocemente e Luca prova diversi stati d'animo. Da un lato ha tanta voglia di incontrare i suoi compagni di classe, di farsi dei nuovi amici e di iniziare questo nuovo percorso, dall'altro lato, però, ha tanta paura. I suoi capelli rossi e le lentiggini lo tormentano e ha paura di non piacere agli altri bambini. Già si immagina in un banco da solo, in ultima fila, con nessuno che voglia sedersi accanto a lui. Questo pensiero lo intristisce tanto e gli mette paura.

La sera prima del grande giorno, la mamma ha invitato i nonni a cena. Una cena tutti insieme prima del nuovo anno scolastico di Luca. "Qualcosa non va, Luca?" La nonna l'ha osservato per tutta la sera e ha notato la sua ansia. "Sei preoccupato per il primo giorno di scuola?" Luca annuisce. "Nonna, hai mai avuto paura di non piacere a qualcuno?" Luca guarda la nonna con i capelli argentati. Lei sorride: "Certo, caro Luca. Tutti abbiamo paura di non piacere a qualcuno, prima o poi, nella vita. Io avevo i denti così grandi che avevo paura mi avrebbero scambiato per un castoro!", entrambi ridono. "E poi ero molto cicciottella. Il mio primo giorno di scuola ero sicura che non avrei avuto un compagno di banco perché avrei occupato entrambe le sedie". Luca rise ancora più forte. "E poi? Come è andata?" "Benissimo! Trovai la mia migliore amica e anche tuo nonno!" Luca guarda la nonna con interesse, ora che ci presta attenzione era vero, ha i denti molto grandi, ma non ci ha mai fatto caso e, per qualche strano motivo, le stanno benissimo così. Luca non riesce ad immaginare sua nonna senza quei grandi denti.

Il primo giorno di scuola è arrivato. Luca, con il cuore in gola, saluta la mamma e si avvia verso la sua classe. Quel giorno i suoi capelli avevano una tonalità talmente vivida che il ragazzo aveva paura che qualcuno avrebbe preso un estintore per la paura che i suoi capelli stessero andando a fuoco. Arrivato sulla soglia della porta, Luca riconosce la signora con gli occhiali a mezzaluna ed è piacevolmente sorpreso nello scoprire che era la maestra. “Benvenuto Luca”, lei gli sorride e gli fa cenno di entrare in aula. Lui la guarda sorpresa. Come faceva a ricordare il suo nome? Sono passate più di tre settimane da quando si sono visti e di certo lei ha incontrato molti altri studenti oltre a lui. Luca non fa domande ed entra in classe ma nota che agli altri ragazzi la maestra si limita a dire solamente “Buongiorno” o “Benvenuto”, senza dire il nome. Luca prende posto in seconda fila, accanto a una ragazza con due lunghe trecce bionde.

Nei giorni successivi Luca si aspetta che gli altri studenti dicono qualcosa sui suoi capelli, o sulle lentiggini, invece nessuno dice nulla. Ma accade una cosa molto curiosa: esattamente come la maestra, anche gli altri ragazzi ricordano subito il suo nome! Dopo pochi giorni, tutti avevano già imparato il suo nome e non l’avevano più sbagliato. Come era possibile? Preso dalla curiosità e felice del fatto che nessuno l’aveva preso in giro per i suoi capelli rossi,

Luca un giorno decide di fare una domanda alla maestra. Così, una mattina, poco prima della lezione, le si avvicina e le dice: “Maestra, mi scusi, ma c’è una cosa che vorrei tanto sapere. Lei ha visto tantissimi ragazzi il giorno dell’iscrizione, eppure, ricordava il mio nome il primo giorno di scuola. E anche i miei compagni di classe hanno imparato subito il mio nome? Come è possibile?” La maestra sorride. “È vero, Luca. Anzi, ti confesso che faccio ancora fatica a ricordare i nomi di alcuni tuoi compagni di classe, ma che resti un segreto tra di noi!”, gli fa l’occhiolino. “I tuoi capelli rossi sono un tratto distintivo che gli altri non hanno, per questo mi era rimasto impresso il tuo viso. È molto più semplice associare un volto a un nome se qualcosa nel tuo viso ti distingue dagli altri. E sono sicura che anche per i tuoi compagni di classe vale la stessa cosa. I tuoi capelli rossi ti rendono riconoscibile e ricordabile perché sei l’unico che li ha. Quindi non ci possiamo sbagliare né confondere con qualcuno che ti assomiglia!”, gli sorride.

Da quel giorno Luca adora i suoi capelli rossi che lo

rendono così speciale. E tu? C'è qualcosa di te che non ti piace? Hai mai avuto paura di essere preso in giro per qualche caratteristica del viso o del corpo? Quelli che a volte ci sembrano dei difetti, in realtà sono dei tratti distintivi che ci rendono unici e che ci caratterizzano. Molto spesso quelli che a noi sembrano dei difetti enormi sono dei particolari che ci rendono riconoscibili. Tutti abbiamo qualcosa che non ci piace, anche i nostri amici o i nostri genitori, eppure a noi piacciono così come sono e non riusciremmo a immaginarli diversi!

Il pallone e il disegno

Giacomo guarda il suo disegno soddisfatto. Ha disegnato un fiume con all'interno dei pesci colorati. Disegnare è sempre stata la sua passione. Il disegno lo rilassa e lo fa sentire bene. La mamma gli ha anche comprato un cavalletto in legno dove poter appoggiare la tela, da quel momento Giacomo si era sentito quasi un pittore professionista. Quanto gli sarebbe piaciuto! Da grande ha già intenzione di frequentare qualche scuola di disegno! Giacomo dà un'ultima occhiata alla casa verde, sorride e corre a prendere lo zaino.

Era mattino ed era ora di andare a scuola.

"Ragazzi, oggi ho una sorpresa per voi", il maestro cattura l'attenzione di tutti gli studenti "La scuola ha deciso di fare due tornei per socializzare con le altre classi e per far nascere un po' di sana competizione", sorride e prende dalla cattedra un foglio sul quale sono riportati tutti i dettagli. "Non è permesso partecipare a entrambi i tornei, quindi dovrete sceglierne solo uno. Il primo torneo è di calcio. Chi è interessato deve segnare il suo nome entro la fine della settimana su questo foglio di colore giallo". I ragazzi e alcune ragazze della classe sono emozionatissimi e stanno già parlando di segnare il proprio nome alla fine della lezione. Il calcio è lo sport più amato, è ovvio che ottenga grande consenso. "Il secondo torneo, invece, è di disegno. Chi è interessato deve segnare il suo nome su quest'altro foglio di colore verde". Il cuore di Giacomo perde un colpo. Disegno? Un torneo di disegno? Non poteva assolutamente perderselo! "Vi ricordo che è obbligatorio partecipare ma che potete scegliere soltanto un torneo, non entrambi. Buona fortuna, ragazzi!" il maestro fa cenno di abbassare la voce. Gli studenti sono emozionatissimi.

Il cuore di Giacomo batte nel petto. È di fronte a un problema. Lui ama il disegno, ma non l'ha mai detto ai suoi amici. Si era sempre vergognato di questa sua passione perché temeva che non fosse ben vista dagli altri ragazzi della classe. "Giacomo, fai squadra con noi? Dobbiamo vincere!", Paolo e Nicola si avvicinano a lui alla fine della lezione. "Siamo una squadra fortissima, possiamo farcela. Noi andiamo a segnarci, vieni con noi?" Giacomo li guarda dispiaciuto. Cosa poteva fare? Come poteva dire di no ai suoi amici e segnarsi per il torneo di disegno dove la maggior parte dei concorrenti erano ragazze? "Ehm... Oggi non riesco, devo scappare, mia mamma ha fretta... Ne riparliamo domani!", prende lo zaino ed esce di corsa dall'aula lasciandosi alle spalle Paolo e Nicola. Sapeva bene che il giorno seguente avrebbe dovuto affrontarli di nuovo.

Giacomo inventò scuse per tutta la settimana. Un giorno era invitato a pranzo da degli amici, un altro suo padre stava poco bene, un altro ancora sua sorella usciva in anticipo dalla scuola materna... Ma l'ultimo giorno della settimana è arrivato. Deve prendere una decisione. Ma quale? Come può scegliere tra i suoi amici e la sua passione? Avrebbe tanto voluto iscriversi a entrambi i tornei! Quella sera la mamma lo vede particolarmente in ansia durante la cena. "Tutto bene, Giacomo? Non hai mangiato quasi nulla", indica il suo piatto quasi intonso. Il ragazzo sospira: "Mamma. Non so cosa fare. A scuola faranno due tornei e io non so quale scegliere". In poco tempo spiega alla mamma del torneo di calcio e di quello di disegno e di come i suoi amici volessero che lui partecipasse insieme a loro.

La mamma lo guarda comprensiva: "Giacomo, dì con sincerità ai tuoi amici quello che vuoi davvero. Vedrai che capiranno. Se ti vogliono bene saranno felici di vederti partecipare al torneo di disegno", gli sorride fiduciosa. "E se mi prendessero in giro? Se dicessero che il disegno è roba per ragazze? Se cambiassero idea su di me?" Mille pensieri negativi affollavano la sua mente. "Non c'è niente di male nel disegno, Giacomo. Non sono due tornei uno maschile e uno femminile! Sono due tornei scelti in base alle passioni prevalenti tra gli studenti. Quindi sei assolutamente nella norma!", la mamma gli fa un sorriso incoraggiante. "I tuoi amici sarebbero fieri se vedessero i tuoi capolavori", gli fa l'occhiolino e indica il disegno con la casa color verde smeraldo ancora in bella vista sul cavalletto nel centro della camera.

Il giorno seguente Giacomo guarda i suoi amici con aria preoccupata. E se avessero cambiato idea su di lui? Se l'avessero giudicato male? Se l'avessero preso in giro? A tutti i suoi amici piace il calcio. Non che a Giacomo non piacesse, ma la sua vera passione era il disegno. Solo che non l'ha mai detto ai suoi amici per non sentirsi escluso. Però nel profondo del cuore sa benissimo quale è il torneo che vuole scegliere: il disegno. Così, prende un grande respiro e si convince. Va alla cattedra e segna il suo nome sul foglio verde. Poi torna al suo banco. "Finalmente ti sei segnato! Avevamo paura che non volessi partecipare!" Paolo e Nicola gli si avvicinano e gli danno una leggera pacca sulla spalla in segno di amicizia. “Noi abbiamo deciso di allenarci il sabato pomeriggio, vieni anche tu?”, guardano l’amico euforici. Giacomo fa un sorriso imbarazzato e poi dice “Mi alleno volentieri con voi ragazzi, ma non potrò essere nella vostra squadra. Mi sono segnato sul foglio verde. Farò il torneo di disegno”. Paolo e Nicola lo guardano sorpresi. Giacomo sa di dovergli delle spiegazioni. “Io disegno da tanto tempo. Mi dispiace non avervelo detto prima. La verità è che non sapevo cosa scegliere perché da un lato ci sono i miei amici e dall’altro lato la mia passione”. “Hai fatto bene a scegliere il disegno”, dice Nicola, “a calcio possiamo giocare tantissime altre volte! Se disegnare è la tua passione allora devi seguire quella”. Nicola lo guarda da vero amico. “Figurati se non ti consideriamo più nostro amico solo perché non fai un torneo con noi!” Anche Giacomo sorride sollevato, “Grazie ragazzi”.

A differenza di quanto aveva pensato, nessuno disse nulla sul fatto che Giacomo partecipasse al torneo di disegno, anzi, molti altri ragazzi si erano iscritti insieme a lui e si rivelò un'ottima occasione per scambiarsi consigli e imparare qualcosa da loro. Così, mentre Paolo e Nicola il sabato pomeriggio giocano a pallone, Giacomo resta a casa sua a disegnare e si ritrovano tutti e tre nel tardo pomeriggio per fare due chiacchiere. Paolo e Nicola insistono sempre per vedere i disegni di Giacomo e li apprezzano molto. Nessuna delle due squadre vince il torneo, ma dopo questa esperienza Giacomo impara il vero valore dell'amicizia e si promette di essere sempre se stesso. I suoi amici avevano dimostrato di meritare fiducia e di essere sinceri e leali. Non l'avevano minimamente giudicato, anzi, avevano accolto la sua passione per il disegno ed erano felici di condividerla tutti insieme!

Ti è mai capitato di non voler dire qualcosa a qualcuno? Di vergognarti del giudizio degli altri? O di avere paura di non piacere ai tuoi amici se non sei esattamente come loro? Ognuno di noi è speciale e unico. Il nostro vero potenziale si nasconde proprio nelle nostre passioni ed è giusto coltivarle. Non soffocare mai le tue passioni nella speranza di essere accettato o apprezzato dagli altri. Non bisogna annullare se stessi nel tentativo di piacere agli altri, tu devi sentirti libero nei confronti dei tuoi amici di comunicare le tue passioni e loro devono sentirsi liberi di fare lo stesso con te. È questo il valore della vera amicizia!

Castelli di sabbia e granchi

La cosa che Filippo adora di più delle vacanze al mare sono i castelli di sabbia. Non che sia bravo a costruirli, ma gli piace tantissimo cercare di scolpire le finestre e le guglie con l'aiuto di un piccolo bastoncino e delle mani. Le sue piccole dita si muovono con delicatezza sulla sabbia umida. Più che un castello il suo somigliava a un capanno malandato, ma a lui sembrava ugualmente bellissimo. Ci aveva dedicato quasi due ore. Mentre i suoi genitori prendevano il sole a pochi metri di distanza, lui con l'aiuto di un secchiello colmo d'acqua aveva realizzato quel bellissimo castello di sabbia. Anzi, capanno di sabbia. "Attento!", una voce strilla in lontananza, Filippo alza lo sguardo per capire cosa stia succedendo ma tutto accade troppo rapidamente: una palla arriva nella sua direzione, colpisce il castello di sabbia e poi rotola più in là. Filippo abbassa lo sguardo ma davanti agli occhi ha solo un mucchietto di sabbia, il castello è distrutto.

Un ragazzo alto con i capelli scuri corre verso di lui: "Scusami! Stavamo giocando... Non l'abbiamo fatto apposta". Guarda dispiaciuto il mucchietto di sabbia davanti a Filippo "Mi dispiace. Vuoi venire a giocare con noi?" Filippo guarda il ragazzo colmo di rabbia. Quel ragazzo spropositatamente alto con degli orribili capelli scuri e disordinati. "No grazie", gli risponde a denti stretti. Senza nemmeno salutarlo si alza e torna dai suoi genitori con le lacrime agli occhi. Il suo castello di sabbia era distrutto.

I genitori vedendo Filippo così triste gli chiedono cosa sia successo e, una volta sentita tutta la storia, gli dicono che non è nulla di grave, che il ragazzo non l'ha fatto apposta a tirare la palla sul suo castello. Nonostante questo, Filippo non può fare a meno di provare una forte avversione per quel ragazzo. Nei giorni seguenti evita accuratamente di incrociarlo per la spiaggia e ride sotto i baffi quando lo vede fare qualche figuraccia. In particolare, Filippo si diverte tantissimo quando il ragazzo dai capelli scuri lancia la palla contro una signora che sta prendendo il sole. Lei si alza irritata e ricopre il ragazzo di ammonimenti!

"Filippo, che gelato vuoi?" Il papà controlla di avere qualche moneta nella tasca dei pantaloni e si dirige verso il chiosco a qualche centinaio di metri lontano da loro. Filippo attende con ansia il suo ritorno e non vede l'ora di gustarsi un bel gelato fresco. Nonostante l'ombrellone, in spiaggia fa molto caldo e Filippo si è già procurato una lieve scottatura dietro le spalle, per questo la mamma gli ha chiesto di indossare una maglietta bianca. “Ecco qui!”, il papà si siede sullo sdraio e dà a Filippo il suo cono gelato. Cioccolato e nocciola, i suoi gusti preferiti. “Posso andare a fare una passeggiata?”, chiede ai genitori mentre assapora il cono. “Sì, ma non allontanarti, resta qui vicino così possiamo vederti”, gli risponde il papà ammonendolo. La spiaggia era molto affollata e non era sicuro allontanarsi troppo da solo. “Va bene, vado là vicino al molo”, Filippo indica il molo in lontananza.

Filippo sta passeggiando vicino al molo. L’acqua è fresca e limpida. Poco più in là le onde si infrangono contro alcuni scogli e schizzano un po’ di acqua attorno. Le onde raggiungono i piedi di Filippo, li accarezzano e poi si ritraggono lasciando un sottile strato di schiuma bianca. Con il suo cono gelato in mano, Filippo passeggia in riva al mare a piedi scalzi quando, all’improvviso, accade qualcosa. “Aaaaaaah!” esclama. Un piccolo granchio sbuca dalla sabbia e gli punzecchia un dito del piede. Lui, colto alla sprovvista, fa un salto, ma sbaglia l’appoggio e cade sulla spiaggia. Il cono gelato è finito un metro più in là, squagliato sulla spiaggia. Filippo sbuffa, si guarda attorno imbarazzato certo che qualcuno lo abbia visto cadere, e guarda alle sue spalle in cerca del granchio. Lo vede, è poco più in là, vivo e vegeto.

Filippo si pulisce le mani dalla sabbia e le posa a terra per alzarsi, ma una mano appare davanti al suo sguardo. "Serve una mano?", il ragazzo dai capelli scuri gli sta tendendo una mano per aiutarlo ad alzarsi. Filippo si sentì in imbarazzo al pensiero che quel ragazzo avesse visto la sua caduta, a causa di un granchio minuscolo poi! D'impulso gli venne voglia di rifiutare l'aiuto, ma il ragazzo disse sorridendo: "Così siamo pari". Osservandolo bene, Filippo notò che i suoi capelli non erano così orribili come gli erano parsi in precedenza: erano disordinati ma quel tocco sbarazzino gli donava. "Ti sei fatto male?", il ragazzo dai capelli scuri lo guarda preoccupato mentre Filippo è ancora fermo a fissare la sua mano. "No, no, tutto ok", Filippo afferra la mano del ragazzo e con il suo aiuto si rimette in piedi. "Che disastro", dice guardando il gelato ormai sciolto sulla spiaggia. "Ho un'idea! Andiamo a prenderne un altro! Mia mamma mi ha chiesto due ore fa di andarle a comprare un gelato, sarà felice di offrirlo anche a te!", il ragazzo sorride. "Comunque io sono Matteo". "Io sono Filippo", risponde Filippo. Chissà perché, Matteo non è come ha pensato. È gentile, educato, non è affatto il ragazzo antipatico che si è immaginato.

I due vanno a comprare un nuovo gelato al chiosco e rimangono a passeggiare insieme sulla spiaggia. "Per quella volta della palla...", inizia Matteo, "Mi dispiace davvero. Ti ho visto che era da un'ora che stavi costruendo quel castello, purtroppo mia sorella ha un po' sbagliato il lancio..." "Soltanto un po', ero solamente a qualche decina di metri di distanza", risponde Filippo ed entrambi ridono dell'accaduto. "Comunque non fa niente, anzi, scusami tu perché ero talmente arrabbiato che ti avevo giudicato male". Filippo si gusta il cono imbarazzato. Era difficile ammettere di essersi sbagliato. Matteo sfoggia un grande sorriso in risposta.

Matteo e Filippo trascorrono il resto delle vacanze giocando insieme. Costruiscono un bel castello di sabbia e si divertono a distruggerlo ridendo del loro primo incontro, vanno a caccia di granchi e fanno a gara a chi trova le conchiglie più belle. Con sua grande sorpresa, Filippo ha trovato un amico, un amico davvero inaspettato. Quello che a un primo sguardo gli è sembrato un ragazzo arrogante e antipatico ora era diventato un suo ottimo amico! Quando viene il momento di tornare a casa, Filippo e Matteo si salutano e si promettono di rivedersi l'anno successivo. Quell'anno le vacanze sono state davvero speciali e hanno portato con sé amicizia e rispetto.

Hai mai notato che tendiamo sempre a giudicare le persone prima di conoscerle? Di solito le giudichiamo in base al loro modo di vestire, al loro look e al loro atteggiamento. Ti sei mai trovato nella situazione di Filippo? Hai mai giudicato negativamente una persona prima di conoscerla? E, dopo averla conosciuta, ti sei ricreduto? Ricorda che i giudizi ci limitano perché ci impediscono di vedere chiaramente e obiettivamente le altre persone. Lascia sempre a chi ti sta attorno la possibilità di mostrarsi e apparire per ciò che effettivamente è, invece di filtrarli attraverso le tue impressioni e i tuoi stati d'animo. Hai mai notato che quando siamo tristi o arrabbiati le altre persone ci appaiono più negative e noiose? In realtà, siamo noi che siamo meno aperti nei loro confronti. Da ogni incontro può sbocciare qualcosa di positivo, basta essere disposti a vedere i pregi degli altri anziché concentrarsi esclusivamente sui difetti!

Color verde rana

"Non sei di buon umore oggi, o sbaglio?", Alessio guarda Ivan con aria preoccupata. "Considerando che la maestra ci ha appena rimandato una verifica, direi proprio che non sei di buon umore", dice Alessio scherzando. Ivan fa solo una piccola smorfia in risposta. "Domani ho il provino per l'accademia del teatro", dice Ivan. "Ma è fantastico! Ti prenderanno di sicuro, sei bravissimo nelle recite!" Alessio è entusiasta. "FORSE mi prenderebbero se non avessi questi enormi occhiali verdi" Ivan guarda l'amico con aria triste. Alessio non capisce e lo guarda confuso. "Che vuoi dire? I tuoi occhiali sono belli. A me piacciono", guarda con attenzione le grandi lenti e la montatura verde sul volto dell'amico. "A te piacciono perché non li devi mettere tu, altrimenti li odieresti anche tu! Nessuno prenderebbe nella recita un ragazzo che sembra una rana!" Alessio scoppia a ridere sentendo le parole dell'amico. "Una rana? Ma come ti viene in mente?", dice tra una risata e l'altra. "Io sono abituato a vederti con questi occhiali, non mi sembreresti nemmeno tu senza! E non ho mai pensato che somigliassi a una rana, però... Aspetta...", finge di guardarlo da vicino. "Ora che mi ci fai pensare... Di profilo sembri proprio una rana, amico mio! Se non ti vedessi entrare in classe camminando avrei seri problemi a riconoscerti! Potresti fare un provino per il salto in lungo... In quello ti prenderebbero di sicuro!", scherza Alessio. I due amici ridono di gusto, ma Ivan nel cuore sente ancora un peso. Aveva tanta paura che i suoi grandi occhiali verdi avrebbero rovinato tutto il provino del giorno seguente.

A casa, Ivan trascorre la serata tra mille pensieri. Si toglie e rimette gli occhiali in continuazione. Se solo avesse potuto fare quel provino senza occhiali! Il teatro era da sempre la sua passione e aveva insistito tanto con i suoi genitori per convincerli a iscriverlo a un provino serio. Avrebbe potuto recitare con attori veri e desiderava tanto ottenere quel ruolo, ma in cuor suo era convinto che un ragazzo con degli enormi occhiali verdi non fosse necessario in nessuna recita. "Sei pronto per domani?", la mamma, prima di andare a dormire, passa a salutarlo e a vedere come sta. "Sì...", risponde Ivan titubante. "Sei ancora preoccupato per gli occhiali?", gli chiede la mamma guardandolo giocherellare con le astine degli occhiali. La mamma si siede sul letto vicino a lui: "Andrà bene, vedrai. Sono attori veri, guarderanno la tua bravura non certo i tuoi occhiali! E poi, un attore deve essere ben riconoscibile, deve avere dei tratti distintivi e tu li hai. I tuoi occhiali ti rendono diverso dagli altri e questo potrebbe essere un punto a tuo favore!" Gli dà un tenero abbraccio e poi gli augura la buonanotte. Ivan si sente un po' più tranquillo. Sperava tanto che la mamma avesse ragione.

Il giorno del provino arrivò. Ivan si dia un'ultima occhiata allo specchio e sospira con ansia. I suoi grandi occhiali color verde rana spiccano nel suo riflesso. Li guarda con aria corrucciata e poi segue la mamma lungo le scale. "Andrà benissimo, vedrai", gli dice lei vedendo la sua preoccupazione. "Se non ti sceglieranno sicuramente non sarà a causa degli occhiali. Nessuno è mai stato scartato per un paio di occhiali, Ivan", gli sorride. Il tragitto in macchina sembra molto più lungo del previsto. Ivan è molto teso. Poi, fuori dal finestrino, appare davanti a loro il teatro. Grande, imponente e color mattone. È arrivato il momento di mettersi alla prova.

Dopo essere entrati, Ivan nota una lunga fila di ragazzini in attesa. Hanno circa la sua età. Ivan non può fare a meno di guardarli con invidia. Sembrano molto più adatti di lui per una recita: dei capelli ordinati, un fisico asciutto e... Un bel volto senza occhiali! Anzi, nota qualcuno con gli occhiali tra la folla, ma sono occhiali molto più discreti dei suoi, con un bel color grigio o tortora che si abbina ai vestiti. Ivan si mette in coda imbarazzato e attende il suo turno. Accanto a lui, anche la mamma è nervosa, nessuno dei due dice nulla. Ogni tanto un ragazzo esce dalla grande porta rossa di fronte a loro e ne entra un altro. I minuti trascorrono molto lentamente e la fila di persone pian piano si accorcia.

"Ivan", una donna con una cartelletta rossa esce dalla porta e chiama il suo nome. Ivan fa un passo avanti e la guarda intimorito. "Prego, è il tuo turno". Accanto a lui sente la mamma che gli posa una mano sulla schiena e lo incita ad avanzare. "Buona fortuna", gli sussurra. A passi rapidi Ivan varca la soglia ed entra nella stanza.È arrivato nel teatro. Le morbide poltrone rosse disposte a semicerchio catturarono la sua attenzione. In prima fila stanno sedute delle persone. "Ti presento la giuria. Loro valuteranno la tua performance. Prego, accomodati sul palco e facci sentire il pezzo che hai preparato". Ivan sale i gradini del palcoscenico e si prende un attimo di tempo per guardare tutta la sala. È un teatro vero. Aveva sempre sognato di recitare in un teatro vero. Ricorda benissimo il pezzo che aveva preparato, l'aveva provato centinaia di volte a casa davanti allo specchio. Prende un bel respiro a pieni polmoni e inizia a recitare.

"Molto bene", dice la donna con la cartellina rossa. "Grazie per aver partecipato. Invieremo una comunicazione per posta ai ragazzi che verranno ammessi. Controlla la posta nelle prossime settimane e buona fortuna", lo congeda ed esce dalla porta chiamando il nome del prossimo ragazzo. Ivan guarda per l'ultima volta la giuria, alcuni di loro prendendo appunti su un taccuino. Altri parlano animatamente. Spera con tutto il cuore di essere andato bene e di poter tornare lì, in quel magnifico teatro.

Le settimane successive trascorsero molto lentamente. Ivan controllava la posta ogni mattina prima di andare a scuola e ogni pomeriggio al suo ritorno. Nel suo cuore stava già perdendo le speranze quando un giorno una bella busta con un sigillo rosso spicca nella cassetta delle lettere. La guarda emozionatissimo e legge il nome dell'accademia di teatro scritto con un'elegante grafia sul retro. "Mamma! Mamma!", urla e corre in casa. Apre la busta con mani tremanti, la mamma lo guarda con aria speranzosa lì accanto. Si schiarisce la voce e inizia a leggere. "Gentile Ivan, la ringraziamo per la sua partecipazione ai provini. Con una votazione unanime, la giuria ha deciso di ammetterlo all'accademia. La sua recita è stata molto partecipativa ed emozionante. In modo particolare siamo rimasti positivamente colpiti dal suo look: i suoi grandi occhiali verdi sono ben riconoscibili e sono un tratto distintivo molto forte che ci ha permesso di ricordare il suo volto nonostante le centinaia di ragazzi che abbiamo visto. Ogni attore che si rispetti deve colpire il pubblico e imprimere la sua memoria e lei ci è riuscito. La attendiamo nelle prossime settimane per la regolare iscrizione all'accademia. Cordiali saluti". Non poteva crederci.

L'avevano preso! La mamma lo abbraccia forte. "Bravissimo! Hai visto? Gli sei piaciuto! E anche i tuoi occhiali gli sono piaciuti!" Ivan piange di gioia. Era proprio vero, l'avevano ammesso all'accademia anche per merito dei suoi grandi occhiali color verde rana.

E tu? C'è qualcosa di te che non ti piace? Qualcosa che vorresti cambiare? Ti è mai capitato che un particolare del tuo aspetto fisico piacesse agli altri e non piacesse a te? Tutti abbiamo qualcosa che non ci piace, ma spesso siamo solamente noi a percepirlo come un problema! Prova a pensare l'opposto: pensa a cosa non piace ai tuoi amici di loro stessi. Qualcuno dei tuoi amici odia l'apparecchio ai denti? O gli occhiali? Resterai sorpreso nel notare che, in realtà, a te i tuoi amici piacciono così come sono e non li vorresti diversi!

Un amico professore

Andrea sfoglia il libro di testo svogliatamente e guarda gli appunti sul quaderno lì accanto. Fa un breve ripasso di quello che ha studiato e poi infila il libro nello zaino e si prepara per andare a dormire. Era preoccupato. Fin dal primo anno di scuola aveva avuto problemi con le interrogazioni. Lui studiava, si impegnava davvero, ma quando poi veniva chiamato alla lavagna a svolgere gli esercizi andava in panico. All'improvviso la sua mente si svuotava e lui non riusciva a dire nemmeno una parola. Neanche con i suggerimenti del professore riusciva a fare un'interrogazione che gli permettesse di raggiungere la sufficienza. Sembrava a tutti gli effetti che non studiasse nulla, ma invece dedicava il giusto tempo allo studio e al ripasso. Sospira sconsolato, domani era il giorno delle interrogazioni.

"Vediamo...", il professore scorre lo sguardo sull'elenco. "Andrea, vediamo se hai capito quello che ho spiegato nelle ultime lezioni". Il cuore del ragazzo perde un battito. Impallidisce e inizia a sudare. Si alza e a passo lento raggiunge la lavagna. "Ti ricordi cosa ho detto la scorsa settimana sulle divisioni?", l'insegnante lo guarda con pazienza. Se fino a quella mattina Andrea avrebbe saputo dire qualunque cosa sulle divisioni, ora non ricordava assolutamente nulla. Nella sua mente c'era solo il vuoto totale. "Ehm...", inizia a balbettare. Il professore per aiutarlo disegna uno schema alla lavagna; "Te lo ricordi questo schema?", gli chiede.

Lui guarda la lavagna ormai nel panico, “Ehm...” Vuoto totale. “Va bene, torna al posto”, il maestro dispiaciuto gli fa segno di andare e scrive qualcosa sul registro. Andrea ha solo tanta voglia di piangere. Perché durante le interrogazioni dimenticava tutto?

“Andrea”, il suo compagno di banco Luigi lo chiama a bassa voce. “Mi hai ripetuto le divisioni un’ora fa prima che iniziasse la lezione e sapevi tutto. Cosa è successo?”, lo guarda confuso. Andrea sbuffa sconsolato, “Lo so. Io ho studiato solo che... Che...”. Gli salgono le lacrime agli occhi, “Quando il professore mi chiama non mi ricordo più niente!”, si asciuga le lacrime con un fazzoletto. Luigi lo guarda dispiaciuto. “Ho un’idea! Perché non proviamo a studiare insieme? Se ripeti gli argomenti a me puoi ripeterli anche al maestro! Anzi, io sono molto più cattivo di lui...”, dice ridendo. Andrea fa un piccolo sorriso incoraggiato dall’amico.

Quel pomeriggio Luigi andò a casa di Andrea. La mamma era contenta che un suo amico volesse aiutarlo con lo studio e preparò una buona merenda per entrambi. "Allora, iniziamo con matematica così domani puoi chiedere al maestro se puoi recuperare il voto di oggi", Luigi gli sorride. Andrea annuisce. I due ragazzi trascorrono il pomeriggio tra i quaderni e una cioccolata calda, fanno diversi esercizi insieme, studiano insieme la teoria e ripassano tutto l'argomento con l'aiuto del libro. "Aaaaah perfetto", Luigi si rilassa sulla sedia e allunga le gambe ormai intorpidite dopo le ore trascorse seduto. "Direi che abbiamo studiato tutto. Adesso non resta che vedere se hai imparato", sorride con uno sguardo furbo. "Aspettami qui", e corre fuori dalla stanza.

Andrea lo aspetta per diversi minuti e quando, alla fine, sta per alzarsi preoccupato per controllare dove fosse andato Luigi, l'amico entra nella stanza. O meglio, qualcuno entrò nella stanza e Andrea era certo fosse Luigi, ma... Indossava degli abiti da professore! Andrea scoppia a ridere talmente forte che quasi cade dalla sedia. "Avevo chiesto a mio papà di prestarmi qualche vestito per aiutarti a studiare", ride Luigi, "Che ne dici? Faccio paura anche io?" Entrambi si prendono qualche minuto per riprendersi dalle risate. Luigi indossava un paio di occhiali a mezzaluna, una giacca decisamente troppo grande per lui e aveva disegnato un bel paio di baffi folti con un pennarello. Con una matassa di fili in testa aveva ricreato i capelli biondi del maestro. "Molto credibile", ride ancora Andrea. "Davvero molto credibile. Se non avessi sentito la tua voce non ti avrei riconosciuto", dice tra una risata e l'altra. "Oh, giusto!", Luigi sembra ricordare qualcosa. "Andrea, vediamo se hai capito quello che ho spiegato nelle ultime lezioni", dice imitando perfettamente l'accento del professore. Entrambi cadono in preda a un altro attacco di risate.

Il resto della giornata trascorse tra la matematica e le risate. Luigi fingeva di porre delle domande ad Andrea e ogni volta si sistemava gli occhiali sul viso come era solito fare il maestro. Andrea rispondeva perfettamente a ogni domanda, incoraggiato dalla positività dell'amico e da quel pomeriggio davvero divertente. "Domani prenderai un ottimo voto! Abbiamo studiato tutto!" Luigi è euforico. Verso sera la mamma di Luigi suona alla porta, lui saluta l'amico e lo ringrazia. Avrebbe funzionato? Aveva qualche speranza di prendere un bel voto il giorno successivo? Andrea torna nella sua camera e infila i libri nello zaino. Era in ansia per l'interrogazione, ma anche molto divertito per quel pomeriggio in compagnia di Luigi.

"Professore...", il giorno dopo, a scuola, Andrea alza la mano e chiede al maestro se può recuperare l'interrogazione del giorno precedente. L'insegnante, che da diverso tempo nota le difficoltà del ragazzo, accoglie volentieri la sua proposta. "Certo, Andrea. Accomodati", e gli fa segno di avvicinarsi alla cattedra. Andrea è molto nervoso, gli sudano le mani e ha tanta paura di non ricordare nulla di quello che ha studiato, ma prima di andare alla lavagna Luigi gli dice sottovoce: "Pensa che sia io a farti le domande". Un sorriso compare sul volto di Andrea. Guarda i capelli biondi del professore e non può non ricordare la matassa di lana gialla che Luigi si era messo in testa il giorno prima. Stringe i pugni e va alla lavagna.

Il professore disegna uno schema sulla lavagna e chiede ad Andrea: “Sai completare questo schema? Che numeri mancano in quella casella?”, e si sistema gli occhiali a mezzaluna sul viso. Andrea vede con la coda dell’occhio Luigi che finge di sistemarsi degli occhiali invisibili sul volto nello stesso modo. Entrambi trattengono una risata. Come per magia, la mente di Andrea non è più vuota! Ricorda gli argomenti studiati il giorno prima con Luigi e li espone con sicurezza e convinzione. Il professore è piacevolmente sorpreso. “Molto bene, Andrea. Davvero molto bene. Direi che posso cancellare il voto di ieri e darti una valutazione molto positiva. Continua a studiare così, è la strada giusta!” Alla fine dell’interrogazione il professore gli fa i complimenti e lo congeda facendogli segno di tornare al posto.

Andrea è entusiasta. Guarda Luigi ed entrambi si scambiano un sorriso colmo di gioia e felicità. Aveva funzionato! Grazie alla simpatia e all’aiuto di Luigi, Andrea è riuscito a superare la paura delle interrogazioni. Da quel giorno le sue interrogazioni vanno sempre meglio e lui impara a gestire l’ansia senza farsi sopraffare. Andrea non ha alcun problema di memoria come ha sempre pensato, è la sua paura che gli ha sempre impedito di parlare durante le interrogazioni e che gli svuota la mente di punto in bianco. Pieno di fiducia nel cuore, Andrea è riuscito a superare quella paura!

Ti è mai capitato di avere talmente paura di qualcosa che, nonostante ti fossi preparato a dovere, le cose andarono male? Un saggio, una interrogazione, una recita... La vita è fatta di tante prove che la maggior parte delle volte ci spaventano perché ci sentiamo giudicati ma, in realtà, sono delle prove solamente per noi stessi! Imparare a gestire le paure è molto importante nella vita e ti permette di far emergere al meglio le tue capacità! Un po' di sana paura è normale, ma non deve essere limitante e non deve impedirti di far sbocciare i tuoi talenti. La paura serve per accenderci e per stimolarci ma non deve renderci infelici né ostacolare la nostra crescita e i numerosi traguardi che abbiamo di fronte a noi!

Una festa sorprendente

Federico guarda il biglietto che la mamma ha appena posato sul tavolo. “Non voglio andarci, mamma. Non conosco nessuno”, dice con voce arrabbiata. “Devi andare, Federico. È tuo cugino.

Non puoi non andare al suo compleanno. Ti ha invitato ed è giusto che tu vada", gli risponde la mamma. "Ma lui è più grande di me, non conosco i suoi amici", piagnucola Federico. Suo cugino Filippo compie 13 anni mentre lui, Federico, ne ha solamente 8. Vuole bene a suo cugino e hanno un bel rapporto, ma ha tanta paura di ritrovarsi solo in mezzo a quel gruppo di persone. Lui non conosce i ragazzi più grandi. "Sono solo 5 anni di differenza, vedrai che ti lasceranno giocare con loro e ti divertirai anche tu!", dice la mamma con un sorriso. Federico non ne era così convinto. E se l'avessero ignorato? Se gli amici di Filippo non l'avessero voluto nel loro gruppo? Lui non è mai stato bravo a fare amicizia, è un ragazzo molto timido e paffutello e si è sempre sentito a disagio insieme alle persone che non conosce. "Non preoccuparti. Filippo ti vuole bene, ti starà vicino e si assicurerà che ti diverta anche tu!", la mamma gli posa una mano sulla spalla. "Domani andiamo a cercare il regalo di compleanno".

Il giorno dopo Federico e la mamma entrano in un

negozio di videogiochi. "Qual è il gioco che gli piace? La zia mi ha detto il titolo ma non me lo ricordo", dice la mamma guardando gli scaffali stracolmi di CD e giochi per console. Federico cerca subito il gioco preferito di suo cugino e lo trova su uno scaffale lì vicino. "È questo!", indica un CD con la custodia blu. "Potremmo prendergli l'espansione del gioco. L'hanno messa in vendita solo qualche settimana fa, non penso l'abbia già comprata. Gli piacerà di sicuro!", inizia a guardarsi attorno ma non la vede da nessuna parte. "Guarda, sta arrivando la commessa. Chiedigli se hanno il gioco che dici tu", gli suggerisce la mamma. Lei non conosce i videogiochi e lascia che fosse Federico a scegliere il regalo migliore per il cugino. Federico arrossisce all'idea di dover chiedere indicazioni.

"Mi... Mi scusi...", balbetta con voce tremante. La commessa lo guarda e si dirige nella sua direzione. "Ecco... Sto cercando...", Federico si sente molto in imbarazzo. Possibile che fosse sempre così timido? Cosa c'è di male nel chiedere delle indicazioni? Eppure, parlare con gli sconosciuti l'ha sempre messo molto a disagio tanto che fatica addirittura a far uscire le parole! "Ecco... L'espansione del gioco..." La commessa lo guarda comprensiva e gli fa un grande sorriso. "Certo! È un'ottima scelta! È un gioco che sta letteralmente andando a ruba! Vieni, è su questo scaffale in fondo", gli fa strada nel negozio e lo accompagna davanti a un'altra fila di scaffali. "Ecco qui. Qui trovi tutte le nuove espansioni del gioco e anche le versioni vecchie. Scegli pure quella che preferisci". "Gra-grazie", balbetta Federico. Con un ultimo grande sorriso la commessa se ne va e lascia al bambino il tempo di scegliere il gioco per il cugino.

Quella sera, Federico incarta il regalo con l'aiuto della mamma e scrive il biglietto di auguri per suo cugino Filippo. È molto nervoso all'idea di andare al compleanno. Non che non volesse vedere suo cugino, anzi, ma ha paura di arrossire o di balbettare di fronte ai suoi amici! Loro sono più grandi e non vuole che lo escludessero. Con mille pensieri per la testa, Federico si lava i denti e si prepara per andare a letto. Da un'ultima occhiata al suo sguardo paffuto riflesso nello specchio, poi va a dormire. Il giorno del compleanno è arrivato.

Federico e la mamma suonano il campanello e la zia li invita a entrare. Federico raggiunge la camera di suo cugino e lo trova insieme ai suoi amici e a un gran numero di regali. Alcuni già aperti e altri, invece, ancora da scartare. “Ciao! Ragazzi, vi presento mio cugino Federico!” Filippo gli corre incontro con gioia. “B-Buon C-Compleanno”, balbetta Federico sentendosi addosso lo sguardo di tutti. Filippo prende il regalo dalle mani del cugino e lo fa sedere accanto a lui sul letto. Scarta con entusiasmo il regalo e... “Wow!”, si gira e rigira tra le mani il gioco che Federico gli ha regalato, “Lo desideravo così tanto! Dobbiamo provarlo subito!” “Ottima scelta, Federico”, dice un ragazzo seduto su una sedia di fronte a loro. “Tuo cugino ci stava giusto dicendo che è uscita l’espansione del suo gioco preferito”, gli fa l’occhiolino. Federico fa un timido sorriso di rimando.

Nelle ore successive, i ragazzi provano a turno il

gioco che Federico ha regalato al cugino e tutti si complimentano con lui per l'ottima scelta. Non solo, quando Nicola e Orazio, due amici di suo cugino, propongono di uscire a giocare con la palla, i due ragazzi lo includono subito nel gruppo "Ti va di venire con noi?". Federico, incoraggiato da quell'invito, si alza di scatto e li segue in cortile. I due ragazzi sembrano non dare minimamente importanza al fatto che Federico fosse più piccolo di loro e decisamente meno agile. "Ti senti meglio, eh?", gli sorride Nicola. "All'inizio eri un po' spaventato. È normale, non ci conoscevi", sorride. Orazio annuisce. Federico prende coraggio e spiega ai suoi nuovi amici il suo problema: "Avevo paura di trovarmi escluso perché di solito faccio fatica a fare amicizia con le persone e voi siete tutti più grandi di me..." Prende la palla che Nicola gli ha lanciato e la rimanda a Orazio. "È normale", dice Orazio afferrando il pallone al volo. "Anche io ero sempre un po' a disagio quando andavo al compleanno di mio cugino perché non conoscevo nessuno, poi invece con il tempo mi sono abituato e alcuni degli amici di mio cugino sono diventati anche miei amici", fa due palleggi e poi lancia la palla a Nicola. “Io invece”, dice Nicola prendendo il pallone, “Qualche anno ho finto di stare male pur di non andare al compleanno di mio cugino”. Tutti ridono e lo guardano con interesse. “Ero molto timido e avevo talmente paura dei suoi amici che preferivo stare a casa fingendo di avere il mal di pancia”, soffoca una risata. “Poi invece ho avuto modo di conoscerli in altre occasioni e ho capito che erano ragazzi uguali a me. Ci siamo passati tutti credo”, sorride a Federico e gli passa la palla.

Quella sera la mamma torna a prendere Federico e lo trova felice in compagnia del cugino Filippo. Gli altri ragazzi se ne sono già andati. “Come è andata?”, chiede la mamma curiosa. Sa bene della timidezza di Federico e della sua difficoltà a socializzare. “Bene”, sorride lui, “Gli amici di Filippo sono simpatici”. Ripensa a Nicola e Orazio. Ai suoi occhi sono dei ragazzi grandi e sicuri, ma anche loro erano stati timidi e impacciati pochi anni prima. Federico sorride e sogna anche lui di diventare come loro, senza più la paura di parlare con gli sconosciuti.

Ti sei mai trovato in difficoltà quando dovevi parlare con persone che non conoscevi? Di solito fai fatica a inserirti in un gruppo di persone? Tendi a stare in disparte e ti senti a disagio o prendi subito l'iniziativa? Non c'è nulla di male nella timidezza, tutti noi siamo stati timidi in alcuni momenti della vita. Fa parte della nostra crescita e ci accompagna nelle varie tappe della vita, impara a gestirla e a non avere paura degli altri. In fondo, tutti abbiamo le nostre insicurezze e non bisogna vergognarsene!

Una vittoria per due

Pietro e Samuele erano amici da tanti anni. Si erano sempre allenati a basket insieme ed erano entrambi molto bravi. Quel giorno, però, l'allenatore di basket da un annuncio "Ragazzi, il prossimo mese ci saranno le selezioni per entrare nella squadra di livello più alto. Mi dispiace dirvelo, ma c'è posto per uno solo di voi. Quindi, allenatevi sportivamente e che vinca il migliore!" Tutti fanno

associazione genitori
scuola amica

Istituto
Comprensivo
di Via Palestro

Abbiategrasso

www.agescuolamica.it
info@agescuolamica.it

Vxm9hc

un applauso di buon augurio e poi iniziano l'allenamento. Pietro non riesce a crederci: le selezioni! Erano anni che aspettava quel momento. Aveva sempre sognato di diventare un ottimo giocatore e questa è l'occasione giusta. Pietro guarda il suo amico Samuele poco più in là e sa perfettamente che anche lui sta pensando la stessa cosa. Entrambi avevano lo stesso sogno. Sarebbe stato molto difficile gareggiare contro il suo migliore amico!

Quella sera, era come se si fosse creato un velo di imbarazzo tra i due ragazzi. Pietro si sente in colpa perché prova il desiderio di battere Samuele, però il desiderio di superare la selezione è talmente forte che non può fare a meno di sperare di essere lui il vincitore. Samuele, invece, durante l'allenamento non da segno di sofferenza e gioca al massimo delle sue forze. "Che vinca il migliore", Samuele lo saluta prima di tornare a casa dopo l'allenamento. "Mi raccomando, non avere pietà solo perché siamo amici. Questa è una selezione importante e tutti e due sogniamo di vincere. Diamo il meglio di noi e auguriamoci buona fortuna". Pietro sorride sentendo le parole dell'amico ma qualcosa ancora lo turba. Quella selezione è più importante della loro amicizia? Sarebbe cambiato qualcosa tra loro dopo che sarebbe stato decretato un vincitore? Fino ad ora Pietro e Samuele si erano sempre considerati allo stesso livello nel basket. Erano entrambi molto bravi ma non avevano mai avuto il desiderio di primeggiare l'uno sull'altro. Ma ora, con la selezione, è tutta un'altra storia!

Quel mese trascorre rapidamente tra allenamenti e tanti pensieri. Pietro è sempre più pensieroso. Samuele, invece, sembra solamente entusiasta e impaziente che il giorno della selezione arrivi. Infatti, è talmente concentrato sugli allenamenti che non si accorse nemmeno dell'aria malinconica di Pietro. "Ragazzi! È il gran giorno! Spero vi siate allenati a dovere perché questa è la vostra unica possibilità!", l'allenatore li fa disporre in fila e li divide in due squadre. "Questi", indica una decina di persone a bordo campo che parlano animatamente tra loro, "Sono i vostri giudici. Mi raccomando ragazzi, voglio un gioco pulito e mettetecela tutta. Vi ricordo che solo uno di voi verrà selezionato!" Di nuovo tutti applaudono.

I ragazzi si dispongono in campo rispettando le squadre scelte dall'allenatore. Pietro e Samuele sono uno contro l'altro. Pietro cerca lo sguardo dell'amico dall'altra parte del campo, ma lui sta osservando la giuria con aria curiosa. Al fischio dell'allenatore la partita inizia. Tutti iniziano a correre e a passarsi la palla. Pietro cerca di non pensare alle sue preoccupazioni nei confronti di Samuele ma, per qualche motivo, non riesce a dare il massimo durante la partita. I suoi compagni di squadra, invece, sono più agguerriti che mai. Tutti sognano di superare la selezione! Talmente tanto che, a un certo punto, un ragazzo marca così stretto Pietro da farlo cadere. Per un attimo resta a terra, doveva essersi sbucciato il ginocchio, sentiva il bruciore sotto la pelle. Gli altri ragazzi continuano a giocare e non fanno caso a lui, il gioco prosegue. Pietro alza lo sguardo e vede davanti a sé una mano tesa. È Samuele.

"Cos...", Pietro afferra la mano dell'amico. "Ti sei fatto male? Luca sta facendo un sacco di falli nel tentativo di vincere. Ti ha preso di mira, non l'hai notato? Sta sempre a marcarti...", indica il ragazzo che ha fatto cadere Pietro. "Anche se... Oggi non stai giocando al massimo... Che ti salta in mente? Ci sono le selezioni!" Samuele aiuta Pietro a rialzarsi. "Pensavo che ti importasse solo di vincere e che ti fossi scordato della nostra amicizia", gli confessa Pietro. Samuele lo guarda stupito, "Ma sei matto? Certo che voglio vincere, esattamente come te. Ma questo non ha niente a che vedere con la nostra amicizia! Se tu mi battessi sarei felice per te e, sì, sicuramente sarei anche un po' arrabbiato ma con me stesso. Sarebbe un motivo per allenarmi ancora di più e migliorarmi", gli sorride. Pietro è molto più sollevato nel sentire queste parole. "Dai, oggi non è il giorno di fare sconti. Fai vedere a quella giuria cosa sai fare!" Samuele corre via e torna a giocare. Rincuorato dalle sue parole, Pietro lo segue.

Il resto dell'allenamento va bene. Pietro riesce a

concentrarsi e dà il meglio di sé. Quando si trov faccia a faccia con Samuele non si sente più in colpa, sa che il suo amico voleva gareggiare contro un degno avversario. Entrambi i ragazzi dimostrano la loro bravura. Alla fine, la giuria si riunisce e Pietro vede quelle persone scambiarsi pareri per diversi minuti. Purtroppo, c'è un solo posto, lo sa bene. Mentre attendono il verdetto, il capo della giuria riceve una telefonata.

"Ragazzi, ecco il verdetto", il capo della giuria li raduna a bordo campo. "Luca è stato il giocatore che ha ottenuto il punteggio maggiore". Il ragazzo che aveva fatto cadere Pietro sfoggia un ampio sorriso. "Ma il suo stile di gioco non ci ha convinto. In uno sport di squadra non conta solamente il punteggio, ma anche il rapporto con i compagni e tu", si rivolge direttamente a Luca, "non hai giocato in modo sportivo". Il sorriso del ragazzo di spegne di colpo. "Due ragazzi ci hanno piacevolmente colpito", lo sguardo del giudice scorre sul foglio che tiene tra le mani. "Samuele e Pietro. Samuele si è fermato per aiutare il suo amico, nonostante fosse nella squadra avversaria. Questo ti fa grande onore, ragazzo", si complimenta con Samuele. "Pietro, invece, dopo quella caduta hai avuto una vera e propria rinascita. Abbiamo il sospetto che, per qualche motivo, tu non stessi giocando al meglio, ma ti sei ripreso brillantemente e quello che abbiamo visto di te ci ha molto convinto". Pietro ringrazia i giudici. "C'è un'altra cosa che devo dirvi. Poco fa ho ricevuto una telefonata importante. Uno dei ragazzi che aveva già superato la selezione si è infortunato, quindi, oggi dobbiamo scegliere due di voi per completare la squadra". I ragazzi spalancano gli occhi per la sorpresa. "Mi sembra ovvio, quindi, che i ragazzi che scegliamo sono Samuele e Pietro. Avete giocato onestamente e in modo sportivo. C'è bisogno di giocatori come voi. Benvenuti in squadra, ragazzi!" I due amici si guardano increduli, delle lacrime di felicità iniziano a scorrere sui loro volti.

In tanti momenti della vita può capitare di dover gareggiare contro degli amici. Ti sei mai sentito in colpa quando un tuo grande amico otteneva un punteggio inferiore al tuo? Sei mai stato arrabbiato quando, invece, era lui a ottenere il massimo dei voti? Tra amici è giusto che ci sia una sana competizione e che non ci siano rancori. Il punteggio ottenuto non deve mettere in discussione l'amicizia e nessuno dei due deve sentirsi in colpa all'idea di primeggiare sull'altro. La cosa importante è gareggiare con sportività, augurandosi il meglio e felicitandosi per i risultati ottenuti. La competizione tra amici deve servire per migliorarsi e per dare il meglio di sé, non per alimentare sentimenti di odio o di rabbia. È normale desiderare di vincere, anche contro un amico, senza che il legame venga messo in discussione!

Spighe di grano

"Michele, sei pronto?", la voce della mamma lo raggiunge dall'ingresso, "Dobbiamo andare". Michele prende lo zainetto e si incammina verso la porta. Quel weekend avrebbe dormito dai nonni in occasione del loro anniversario di matrimonio. Michele voleva molto bene ai suoi nonni ed era sempre contento di trascorrere un po' di tempo con loro. I suoi nonni

Carlo e Adele abitano in campagna. Durante il viaggio in macchina con la mamma, Michele fantastica su quel weekend che lo attende. Non vede l'ora di arrivare.

A casa dei nonni, Michele porta lo zaino nella camera dove avrebbe dormito e poi torna in sala con i nonni. Sua mamma era rientrata a casa e sarebbe tornata il giorno seguente insieme a suo papà per festeggiare l'anniversario dei nonni. "Michele, andiamo a fare una bella passeggiata?", gli chiede il nonno "Con questo sole è un peccato restare in casa". Michele si alza subito e corre a mettersi le scarpe. Gli piace tantissimo respirare l'aria fresca della campagna. Lì, tutto ha un odore diverso rispetto alla città. Passeggiando per le strade si sente l'odore di legno, il profumo dei fiori, perfino l'erba ha un odore piacevole! "Saremo di ritorno per cena", dice il nonno alla nonna. Lei annuisce, sta cucendo un maglioncino.

Passeggiare con il nonno era sempre elettrizzante. Aveva sempre qualche aneddoto da raccontare!

Michele e il nonno percorrono una stradina sterrata e poi arrivano al limitare di un enorme campo di grano. Le spighe del grano svettano alte, di un colore giallo ocra, e ondeggiano con il vento. “Ah, il grano”, il nonno guarda il campo con nostalgia. “Ai miei tempi il grano veniva usato per augurare buona fortuna”, dice il nonno accarezzando una spiga con le mani. “Per augurare buona fortuna?”, gli fa eco Michele confuso. Non riesce proprio a immaginare in che modo il grano possa portare fortuna. “Sì. Perché avere il grano significava che il raccolto aveva dato i suoi frutti, quindi era un anno ricco in cui c’era cibo in abbondanza”, sorride ripensando ai vecchi tempi. “Mio padre aveva un piccolo campo di grano ai tempi”, continua con voce emozionata. “E io al primo appuntamento con tua nonna le regalai una spiga di grano”, ride rievocando quelle immagini nella memoria. “Le hai regalato una spiga di grano?”, ridacchia Michele quasi incredulo. “Sì, non avevo molto denaro e non potevo permettermi dei fiori. Ma il grano era un segno di buon augurio e si può dire che ci ha portato fortuna, no?”, il nonno guarda il nipote con un sorriso. “E la nonna? Cosa ha detto?”, gli chiede Michele che era curioso di sapere come fosse andato il primo appuntamento del nonno. “Fu molto felice!”, ridacchia il nonno, “E per fare colpo le dissi che i suoi capelli erano biondi e lucenti come il grano”. Entrambi ridono quasi commossi da quel ricordo.

Il giorno seguente, tutta la famiglia si riunisce per festeggiare l’anniversario dei nonni. La mamma di Michele ha preparato una grande torta colma di fragole e tutti pranzano insieme. Capita raramente di poter passare un’intera giornata tutti insieme, quindi, Michele è davvero felice che tutta la famiglia si sia riunita per quel giorno speciale. I nonni raccontano alcuni aneddoti divertenti sulle loro vite e, in quel momento, a Michele viene un’idea. Dopotutto, è l’anniversario di matrimonio dei nonni, perché non fargli un regalo? Certo, la mamma gli ha regalato una cornice d'argento dove poter conservare i ricordi più cari, ma forse c’è ancora qualcosa che ai nonni avrebbe fatto tanto piacere ricevere...

Quel pomeriggio, mentre i suoi nonni parlano con i

genitori, Michele finse di uscire a giocare con la palla in cortile. È una bella giornata, il sole splende alto nel cielo. Senza farsi vedere, corse lungo la strada sterrata che ha percorso con il nonno il giorno prima e arriva al campo di grano. D'impulso, si immerge nel campo e inizia a correre tra le spighe. È una sensazione bellissima! Le spighe gli solleticano il viso e le braccia e si spostano docilmente al suo passaggio. Senza pensarci troppo, ne prende una e torna di corsa a casa. Senza farsi vedere, porta la spiga in camera sua nascondendola dietro la schiena. I nonni stanno ancora parlando con i suoi genitori e nessuno si accorge di nulla. Una volta in camera, Michele prende un bel foglietto bianco e scrive con un pennarello "Una spiga di buona fortuna come al vostro primo appuntamento". Mette il bigliettino all'interno di una busta e con un nastro rosa fece un piccolo fiocco sul gambo della spiga, fissandola al bigliettino. Michele posa il regalo sulla scrivania e lo guarda soddisfatto. è certo che i nonni l'avrebbero molto apprezzato!

Quella sera, i genitori di Michele si congedano.

Michele avrebbe trascorso ancora un giorno dai nonni, poi sarebbe tornato a casa per l'inizio della scuola. Il ragazzo, emozionato, prende la spiga di grano e va in sala dai nonni. "Nonno, nonna. Ho anche io una piccola sorpresa per voi!", dice raggiante. Michele posa la spiga sul tavolo di fronte ai nonni e vede i loro volti illuminarsi. "Oh, caro...", la nonna con mano tremante prende la spiga, apre la busta e legge ad alta voce il contenuto del biglietto. Anche il nonno si commuove. "Come facevi a saperlo?", chiede la nonna emozionata. "Il nonno ieri mi ha insegnato che la spiga di grano è molto importante per voi", dice Michele sedendosi accanto ai nonni. "È vero, tesoro", risponde la nonna. "A volte sono proprio le cose più semplici ad avere un grande valore. Ognuno di noi porta nel cuore qualcosa che ha un grande significato per noi", spiega la nonna. "Ricordati che il valore di un oggetto non è determinato solamente dal suo valore economico", gli dice il nonno. "Per qualcuno questa spiga potrebbe essere spazzatura, per noi, invece, è il ricordo più bello. È nel cuore che conservi il vero valore delle cose!", il nonno, ancora commosso, accarezza la spiga con amore.

Il giorno seguente Michele si prepara per tornare a casa. Saluta affettuosamente i nonni e gli promette di ritornare presto. Era sempre bello trascorrere del tempo con loro. Durante il viaggio di ritorno in macchina, vede in lontananza un campo di grano e non può fare a meno di pensare ai suoi nonni. Le lunghe spighe ondeggiano con il vento e Michele immagina la nonna da giovane, con i capelli di quel colore. I capelli colore del grano. Sorride. Da quel momento avrebbe prestato molta più attenzione al valore delle piccole cose. La cornice d'argento che i suoi genitori avevano regalato ai nonni non li aveva minimamente emozionati come, invece, aveva fatto quella semplice spiga di grano!

E tu? Qual è il regalo che ti emozionerebbe tanto? Quali sono le piccole cose preziose che porti nel cuore? Pensa alle persone care che hai attorno: i genitori, i nonni, gli amici, un fratello o una sorella, quali sono le piccole cose che per loro hanno un grande valore? Siamo abituati a pensare agli oggetti solo in base al loro valore economico, ma ogni oggetto ha un valore diverso nella nostra vita. Una semplice spiga può non rappresentare niente per qualcuno e può, invece, racchiudere una intera storia d'amore per qualcun altro. Quali sono gli oggetti che hanno contrassegnato alcuni passaggi importanti della tua vita? Quali sono le piccole cose preziose che, anche da grande, ti faranno emozionare? Quello che segna il nostro cuore non lo scordiamo mai!

Epilogo

Spero che le storie vi siano piaciute e che possiate prendere alcune cose per voi. Forse vi avete riconosciuto in una o nell'altra storia?

È importante capire, che tutti noi siamo coraggiosi e che è normale avere dei dubbi. Sbagliare non è una cosa negativa, al contrario, dimostra la forza se permetti e mostri i tuoi sentimenti.

Spero che il libro vi sia piaciuto :)

A proposito, vi ne sarei molto grato, se poteste prendervi un minute per darci feedback su Amazon.it

Le recensioni sono molto importanti per noi autori freelance, perché solo così possiamo diventare ancora più bravi. Quindi, per favore, prendetevi il minuto e scrivete una recensione onesta come vi è piaciuto questo libro!

- Isabella Martilai -

Scrivi i tuoi pensieri...

Nelle prossime pagine sentiti libero di scrivere tutto questo che ti viene in mente.

Printed by Amazon Italia Logistica S.r.l.
Torrazza Piemonte (TO), Italy

37123988R00058